L

UN MOT

SUR LA

SITUATION POLITIQUE

PAR

M. Barchou de Penhoën.

AUX ÉLECTEURS DU FINISTÈRE.

Paris,

IMPRIMERIE DE GUIRAUDET ET JOUAUST,

RUE SAINT-HONORÉ, 315.

1849

AUX ÉLECTEURS DU FINISTÉRE.

Messieurs les électeurs,

J'élève mon ambition jusqu'à désirer vous représenter à l'Assemblée législative ; permettez-moi de briguer vos suffrages en m'adressant publiquement à vous , suivant l'usage. Les pages qui suivent contiennent ma profession de foi politique ; je veux dire l'ensemble de mes idées, de mes sentiments sur la situation du pays. Je comptais, en commençant, me borner à quelques mots seulement ; je me suis laissé entraîner au sujet. Je ne me suis pas borné à vous exprimer mes opinions sur les points importants qui nous préoccupent tous aujourd'hui ; j'ai voulu vous exposer encore leur origine, leur enchaînement, les motifs logiques par lesquels elles se sont formées dans mon esprit. Je l'ai fait avec franchise, abandon, expansion ; mais aussi, je viens de vous le dire, je me suis peut-être laissé quelque peu entraîner au sujet. Permettez-moi donc de vous exprimer, dans cette simple lettre, cette fois plus brièvement, ce que les pages suivantes sont aussi destinées à exprimer : ce sera mettre en tête de cet écrit ce qui en est aussi la conclusion.

Je veux, et je me flatte que c'est ce que vous lirez à toutes les lignes du petit écrit qui va suivre, je veux l'ordre, la liberté, la gloire pour notre belle patrie. A compter du 4 mai, j'accompagnai de mes vœux l'Assemblée nationale ; je me joignis d'intention à la majorité de vos représentants ; je me préoccupai comme eux de la grande tâche du rétablissement de l'ordre social mis en poussière dans les journées de février. J'acceptai l'ordre de choses fondé par eux, j'en veux toutes les conséquences : je veux la liberté civile, la liberté religieuse, la liberté de l'enseignement ; je veux une décentralisation administrative qui rende la vie à nos départements ; je veux la réforme de nos dépenses militaires ; je veux, à l'étranger, une politique à la fois ferme et conciliatrice, également éloignée d'une propagande furieuse et d'une honteuse condescendance. Je veux surtout cette politique comme le seul moyen efficace de réduire nos budgets toujours croissants, c'est-à-dire comme le seul qui nous permette d'imprimer une puissante impulsion à notre agriculture, à notre commerce, à notre industrie. Je veux le suffrage universel, avec toutes ses conséquences. Je veux voir la souffrance des classes inférieures soulagée, autant du moins que faire se peut, par de grands travaux publics, par des associations sagement entendues, habilement dirigées. Je veux le combat à outrance contre toutes les doctrines démagogiques qui, sous des noms différents, tentent de se produire sur la place publique. Je veux ce combat, parce que la violence et l'émeute ne sauraient avoir qu'un seul résultat, comme peut-être n'ont-elles que ce but dans la pensée de leurs propagateurs : la ruine et la misère du peuple. Je voudrais mettre des talents éclatants, une vie illustre, au triomphe des opinions dont je viens d'indiquer quelques points ; j'y consacrerai du moins de longs, de constants, d'opiniâtres efforts. Ne sommes-nous pas à une époque où il n'est pas de citoyen qui ne puisse avoir la noble ambition de servir son pays dans la mesure de ses forces ? La grande armée qui combat pour l'ordre social n'a-t-elle pas place pour tous les dévoûments, depuis le chef fameux jusqu'au soldat obscur ?

Je l'ai dit, je voudrais pouvoir consacrer à cette noble cause de plus éclatants talents, et plus dignes d'elle ; je puis du moins me rendre cette justice, de n'avoir pas cessé un instant de consacrer ma vie soit au service du pays, soit à des travaux utiles, à des études opiniâtres. A peine au sortir de l'enfance, j'entrai dans les rangs de l'armée. Je fus un des premiers officiers admis dans ce corps d'état-major qui devait rendre tant d'éclatants et glorieux services ; je servis tour à tour dans l'infanterie, la cavalerie, l'artillerie, et peut-être me fut-il dès lors permis d'acquérir des connaissances militaires positives et de quelque étendue. Je fus un des premiers qui plantèrent le drapeau national sur le sol de l'Afrique, où tant d'autres vinrent consolider notre première conquête ; j'assistai aux combats de Sidi-Ferruch, de Staouëli, à la prise du château de l'Empereur ; j'eus l'honneur de figurer sur un rapport du général en chef. Je dévouai, à mon retour en France, une seconde partie de ma vie à des études littéraires, historiques, philosophiques. Je publiai plusieurs ouvrages qui, à défaut d'autre mérite, peuvent du moins témoigner de la constance et du sérieux de ces études. Je racontai l'histoire de notre conquête d'Afrique; je tirai de l'oubli le combat de notre brave compatriote Du Couedic; je livrai au public des études considérables sur l'Allemagne; le premier je fis connaître l'histoire de l'Inde anglaise, encore ignorée de l'Europe continentale, un des sujets que notre propre conquête de l'Algérie nous rendait des plus importants à connaître. Les journées de juin, chose bien inutile à ajouter, me retrouveraient où elles m'ont déjà trouvé, dans les rangs de la garde nationale; je me flatte qu'un 15 mai me verrait reproduire l'énergie de vos représentants actuels.

Je vous le dirai donc, Messieurs, en toute franchise : je me flatte de me trouver, au moins en constance, en dévoûment, au niveau de la mission que je sollicite de vous. Je m'inspirerais au besoin, pour m'en rendre digne, du souvenir de mon origine; j'invoquerais, au besoin, les glorieux exemples de nos vieilles traditions. S'il fallait défendre à la tribune l'ordre social et religieux, je me rappellerais Lanjuinais, impassible sous le poingt menaçant du boucher Legendre; s'il fallait donner tout son sang au pays, le servir avec la plus entière abnégation dans les rangs les plus obscurs, je me rappellerais Latour-d'Auvergne, simple grenadier; s'il fallait préférer la mort au déshonneur du drapeau national, je me rappellerais Bisson se faisant sauter plutôt que d'amener son pavillon; en tout, toujours et partout, je me dirais enfin, Messieurs :

« Et moi aussi je suis un homme dur de l'Armorique. »

UN MOT

SUR LA

SITUATION POLITIQUE.

SOMMAIRE.

Pour la troisième fois, les destinées de la patrie sont remises aux mains de ses enfants; pour la troisième fois, nous faisons une grande et solennelle épreuve. Le même jour, à la même heure, huit millions de suffrages auront déposé la souveraineté nationale entre les mains de nouveaux mandataires; le présent et l'avenir du pays seront décidés. Imaginez la France tout entière convertie en un immense collége électoral, convoquée aux mêmes comices, rassemblée sur le même forum; imaginez, à l'une des extrémités, l'urne colossale, immense, gigantesque, du suffrage universel, qui, pour la première fois, s'est montré dans l'histoire sur le sol de la France; imaginez à l'autre extrémité une tribune, non plus une de ces tribunes telles que les virent Athènes et Rome, et dont la parole allait mourir aux limites mêmes de la voix humaine, mais une tribune dont la parole, grâce à ces facultés de communication intellectuelle dont nous jouissons aujourd'hui, par les mille organes de la presse, va retentir à la fois au pied des Pyrénées, aux bords du Rhin, aux rivages de la

Méditerranée, aux extrémités de l'Armorique : spectacle inconnu de l'antiquité, écrasant pour la pensée, et qui vient prendre place parmi les merveilles de la civilisation moderne.

Déjà il n'est pas un être doué de la faculté de penser qui, sur le sol entier du pays, ne sonde, dans ses espérances et dans ses craintes, les fondements de cet édifice de février, si subitement surgi du sein de la tempête. Il n'est aucun être doué de pensée qui, au moment de déposer son vote dans l'urne, ne doive se rendre compte de l'œuvre qu'il prétend accomplir, qu'il accomplit par les mains de celui dont il écrit le nom sur son bulletin. Chacun a dû s'interroger, dans l'intimité de sa conscience, sur la situation politique et sociale du pays ; chacun a dû s'en expliquer, autant qu'il était en lui, les origines, les conditions, les nécessités. Jadis réservées aux hommes d'état, ces questions redoutables sont devenues le lot de la foule ; c'est un des caractères de notre époque que tout devienne incessamment à la portée de tous, que tous mettent la main à l'œuvre nationale. Dès lors aussi, comme une autre conséquence de cette œuvre devenue commune à tous, c'est une espèce de nécessité pour chacun de communiquer aux autres, dans les limites de sa sphère d'activité, ses idées, ses sentimens, ses opinions. De la mise en lumière de toutes ces choses, suivies, nous l'espérons, de concessions réciproques, d'une conciliation générale, sortira enfin l'opinion du pays. Nous nous hâterons d'y reconnaître la loi suprême, l'expression de la volonté nationale. En dépit de l'obscurité silencieuse où s'éteindra sans doute ma parole, je me proposerai une tâche semblable ; je me servirai à mon tour, dans les limites de mes forces, de cette faculté à l'usage de tous dans nos pays de liberté ; je mettrai au jour ma pensée sur ces graves objets qui préoccupent tous les esprits ; je dirai, sans réticence et sans exagération, sans faiblesse et sans ménagement pour les partis tombés ou les partis debout, en quoi devra consister, selon moi, l'œuvre de l'Assemblée nouvelle, celle des citoyens qui sont ou seront chargés des affaires du pays. Je suis, certes, des plus humbles parmi tous ceux qui prendront la parole dans ce moment solennel ; mais j'ai parlé d'Athènes, j'ai parlé de Rome : là, pour aborder la tribune, il n'était pas nécessaire d'être Démosthène ou Cicéron ; il est arrivé plus d'une fois à de simples citoyens, bien secondés de leur patriotisme, de prononcer des paroles utiles au pays ; le péril de la patrie a pu les inspirer. C'est au même sentiment que je cède. Je ne sache pas que la civilisation ancienne ait rencontré sur son chemin de plus graves périls que ceux qui menacent, dans un avenir peut-être rapproché, la civilisation française.

La monarchie de juillet a rendu de grands services au pays ; je ne suis pas de ceux qui, pour ne l'avoir ni flattée, ni servie, voudraient lui contester ce mérite. Pendant les dix-huit années du règne de Louis-Philippe la France n'a pas cessé de jouir d'une immense et croissante prospérité. A la vérité, la justice rétrospective doit remonter plus avant dans le passé. Louis-Philippe ne fit que continuer en cela l'œuvre de la Restauration. Les quinze années qui s'écoulèrent de 1815 à 1830, au milieu de circonstances bien autrement difficiles, furent également remplies d'une prospérité non moins constante et non moins progressive. S'il s'agissait de comparer les deux époques et d'en rechercher le mérite relatif, l'avantage devrait peut-être demeurer à la première : c'est chose plus difficile de créer que de continuer. C'est donc avec toute justesse qu'un historien d'une élégante facilité a dit : « Je ne sache rien de plus élevé que ces deux branches du gouvernement des Bourbons, la diplomatie et les finances. » — Nous ne voulons pas insister sur ce point, qu'en marchant dans cette voie le gouvernement de juillet alla peut-être au delà du point où la prudence lui commandait de s'arrêter. Toute secousse, toute commotion venue du dedans ou du dehors pouvait gravement compromettre l'avenir trop engagé de nos finances. La chute de la monarchie n'était pas le seul événement qui pût amener ces demandes de remboursement, ces exigences de la dette flottante, qui ont embarrassé les premiers pas de la République. Quoi qu'il en soit, ce fut sur la base de la prospérité matérielle du pays que Louis-Philippe se proposa de construire, pour sa postérité, l'édifice de sa monarchie, qu'il dut croire un moment bâtie pour l'éternité, que nous avons vue si récemment en poussière Le pays obéit facilement à l'impulsion venue d'en haut. La France, qui, dans le passé, n'avait vécu que d'idées, que de sentiments, que nous avions vue si souvent idolâtre de gloire ou de liberté, la France se voua tout entière au culte des intérêts ; elle sembla s'organiser, se hiérarchiser dans ce seul but, pour cette seule œuvre, la prospérité matérielle ; ce fut la seule préoccupation du pouvoir et du pays. Une coalition d'intérêts individuels s'étendit des premiers aux derniers rangs de la société. On eût dit une trame serrée, compacte, ne lâchant rien de ce qu'elle avait une fois englobé, se fermant hermétiquement à tout ce qui tentait d'y pénétrer. Imaginez encore une immense pyramide, ayant le trône à son sommet, s'élargissant dans les chambres, les hautes fonctions, les fonctions inférieures, les innombrables faveurs qui dépendent du pouvoir, et allant s'épanouir dans l'élection. A chacun de ces étages il n'était pas d'individu appelé à y prendre place qui ne devînt le centre d'un groupe d'intérêts venant se rattacher à lui; la nation légale, officielle, celle des deux cent mille électeurs, constituait la base de tout le système. Ainsi n'y eut-il plus, à la fin, un seul point du territoire, un seul intérêt qui demeurât en dehors de cette hiérarchie à la fois forte, souple et flexible.

L'établissement de juillet, quand on le considère de ce côté, semblait donc de nature à braver les tempêtes. Mais ce n'était là qu'un côté extérieur; la vie morale était débile, le principe vital prêt à s'éteindre. Les intérêts matériels ne sauraient dominer absolument dans la vie des peuples; peuples et individus ne sauraient s'y consacrer sans réserve, avant que la fougue et les passions aient fait place au sentiment exagéré de la vie matérielle. Les peuples ne vivent pas seulement de pain, ils ont besoin de se préoccuper de doctrines religieuses, philosophiques, sociales; c'est seulement après la satisfaction de certains besoins moraux, qu'on les voit se livrer avec ardeur à ces soins exclusifs des intérêts dont nous venons de parler. Mais là était le côté faible du gouvernement de juillet; il n'était nullement en possession de satisfaire cette sorte de besoin, de donner une sorte de repos logique à l'esprit public. Nous venons de le montrer fortement assis sur la base des intérêts; en revanche il était faible, chancelant, oscillant sans cesse, sur celle des idées, des doctrines.

Les fondateurs de la monarchie de 1830 eurent d'abord la pensée d'en faire la continuation, de la constituer la légitime héritière de celle qu'ils venaient de renverser. Apparemment ils avaient oublié la maxime fameuse : « Devrait-on hériter de ceux qu'on assassine ! » — Une première édition du *Moniteur*, à propos de la déclaration de la lieutenance générale en faveur de M. le duc d'Orléans, contenait cette expression : « La Charte sera désormais une vérité. » Le lendemain, le même journal paraissait avec cet errata significatif : « Une Charte sera désormais une vérité. » — En même temps que la Charte obtenait les honneurs d'une seconde édition, un nouveau préambule portait, dit-on, ces mots : « Nous, etc., etc., vu l'acte d'abdication de Sa Majesté Charles X, en date du 2 août, et la renonciation de Son Altesse Royale le Dauphin, du même jour ; considérant que la famille royale sort en ce moment du territoire français, déclarons le trône vacant et qu'il est besoin d'y pourvoir. » De M. le duc de Bordeaux, aucune mention.

En revanche, une protestation avait été jadis dressée, par les soins de M. le duc d'Orléans, contre la légitimité de la naissance du prince ; jusqu'à ce moment obscurément enfouie dans l'étude d'un notaire de Londres, elle vint alors s'étaler au grand jour des *Débats*. Que la calomnie eût réussi à souiller dans l'opinion la naissance de M. le duc de Bordeaux, et c'était en vertu de son propre droit que M. le duc d'Orléans fût monté sur le trône. Pour escalader ce trône, si ardemment et si anciennement convoité dans ses ambitieuses espérances, c'est donc sur le principe de la légitimité que M. le duc d'Orléans voulut d'abord s'appuyer. Dans ce cas, le roi seul était précipité, le trône demeurait debout. Mais il n'en pouvait être ainsi. Charles X, dans les plis de son manteau royal, emportait le principe de la légitimité dans le présent et dans l'avenir; c'était un autre Priam sauvant ses pénates des flammes d'un autre Ilion. Quoi qu'il fît, M. le duc d'Orléans ne pouvait donc régner au nom du principe alors vaincu. En vain le banquet royal fut-il splendidement servi; en vain, au sein d'une prospérité inouïe, la fortune fît-elle tout pour l'engager à prendre place parmi les souverains légitimes : à tous peut-être la place nous semblait vide, dans la préoccupation où nous vivions du présent. Mais cette place, vide à tous les yeux, demeurait pleine pourtant aux yeux du droit et de la justice. Comme Macbeth, M. le duc d'Orléans s'écria peut-être plus d'une fois, dans l'intimité de sa conscience : « *The table is full*; la table est pleine, la table est pleine. »

La prétention de M. le duc d'Orléans n'était point soutenable; la calomnie se montra tellement hideuse, qu'au bout de tant d'années on ose à peine y toucher. D'ailleurs les conseillers du prince, qui étaient aussi les édificateurs de son trône, ne pouvaient consentir à voir le service qu'ils s'apprêtaient à lui rendre s'annuler dans le droit personnel d'un héritier légitime de Charles X. Ce point de vue fut abandonné. Ce fut en faisant appel au principe de la souveraineté du peuple, ce fût en s'appuyant sur cette doctrine qui seule demeurait debout en dehors de la doctrine emportée par Charles X au sein de l'exil, que le nouveau monarque monta sur le trône. Louis-Philippe, en traversant les barricades, se posa comme l'élu, l'oint du peuple. A la vérité, là se trouvait une fiction assez analogue à celle au moyen de laquelle une tentative avait été faite pour faire reconnaître en lui le successeur de Charles X. On sait qu'aucun appel direct ne fut fait au peuple, que Louis-Philippe fut appelé au trône par des majorités peu considérables, qui ne tiraient leur existence légale que de ce régime même qu'elles renversaient, qui, par cette raison, ne pouvaient être qu'une portion de cette voûte dont elles brisaient la clé en la personne de Charles X; on sait que des chambres qui n'existent qu'en vertu d'une charte ne sauraient porter la main sur cette Charte, etc., etc. On pouvait dire encore qu'un ordre de choses nouveau se substituant à un ordre de choses ancien, c'était une mesure nécessaire, dans l'intérêt même de cet ordre nouveau, que sa légitimité fût sanctionnée, c'est-à-dire que le principe nouveau pût librement s'exprimer, se manifester. Ce fut donc encore au moyen seulement d'une fiction, mais d'une fiction d'une autre sorte, que l'établissement de juillet se trouva fondé au nom de la souveraineté du peuple. Aussi cette fiction, quelque complaisamment qu'elle fût reçue, quelque bien justifiée même qu'elle pût être par l'usage du pouvoir dont on s'était saisi en son nom, n'en recélait pas moins, dans un avenir plus ou moins éloigné, de graves difficultés, de graves dangers. Tous, au reste, peuvent se résumer en ce seul danger terrible à toute fiction : sa rencontre avec la vérité.

Louis-Philippe était l'élu du peuple, nous l'admettons volontiers, bien que celui-ci n'eût pas été consulté; l'assentiment tacite et prolongé peut être considéré comme suffisant. Mais Louis-Philippe devait-il demeurer à tout jamais cet élu du peuple? Ce peuple qui l'avait élevé ne pouvait-il pas le renverser ? Faisait-il en cela autre chose qu'user du même droit en sens inverse ? Jean-Jacques, dont le livre est demeuré l'évangile de cette doctrine, nous enseigne que la souveraineté ne peut cesser de demeurer en pleine possession d'elle-même, qu'elle ne peut ni s'abdiquer, ni s'aliéner, ni s'engager. D'ailleurs, comment supposer la souveraineté constante, invariable, immuable dans son expression ? Les mille fosses ouvertes à chaque minute recevant incessamment les membres du souverain, le moment n'arrive-t-il pas, de temps à autre, où le souverain n'est plus le souverain de l'époque précédente, mais un souverain vraiment nouveau ? Le peuple qui s'engageait envers M. le duc d'Orléans pouvait-il s'engager également envers ses descendants ? Le peuple pouvait-il contracter lui-même, pour ses propres enfants, pour cet autre souverain qui devait le remplacer un jour ? Evidemment non ; évidemment force était, au point de vue non pas seulement de la logique, mais du simple bon sens, de le consulter de nouveau. Dans le système de souveraineté du peuple, et de pouvoir royal qui en sortait, la sanction de ce pouvoir se trouvait dans la faculté de révocation, par hypothèse laissée au souverain, et qui se transformait en une espèce de sacre journalier, par cela même qu'il n'en était pas fait usage. On peut bien dire, on essaya bien de dire : Le peuple a pu user légitimement de son droit une fois, une seule fois : il ne saurait le faire une seconde. Ainsi le peuple aurait bien le droit de défaire un roi par naissance, il ne saurait défaire un autre roi créé de ses propres mains ; il a pu donner un mandat, et il ne peut ni le retirer ni le modifier ! Mais pourquoi s'engager dans ce dédale de contradictions ? Dans tout ordre de choses et d'idées, n'est-il pas de l'essence du mandat et de la délégation de pouvoir être retiré ou modifié ? N'est-ce pas là, ainsi que nous venons de le dire, ce qui précisément en constitue la légitimité ?

Le trône des Bourbons de la branche aînée une fois renversé, un seul principe politique demeura debout : la souveraineté nationale. Mais ce principe n'apportait pas avec lui un organe, un instrument en harmonie avec la haute mission qu'il venait remplir. Ame d'un peuple de 36 millions d'âmes, il avait à se renfermer, à s'incarner, pour ainsi dire, dans un corps de deux cent mille électeurs ; c'était l'esprit d'un géant, contraint d'habiter le corps d'un nain, comme nous le voyons parfois dans les fictions du moyen âge. Cette restriction du droit électoral n'était pas, au reste, le plus grand danger de l'institution ; elle en avait un autre bien plus grave : elle concentrait ce droit dans une classe, et cette classe avait des intérêts distincts de ceux de la masse. Sur une multitude de points, les patentes faisaient de la faculté d'élire le privilége du petit commerce, du commerce de détail ; inconvénient plus grave, nous le répétons, que sa restriction même. Ce serait adopter une fausse mesure de la valeur relative de tel ou tel système d'élection que de ne considérer que cette seule chose : le nombre des électeurs par lui institués. Des électeurs en nombre restreint peuvent se montrer animés de l'esprit le plus libéral ; il peut même se faire qu'ils expriment parfaitement la nation entière. La chose vraiment essentielle, ce sont les influences auxquelles ils cèdent, les dispositions dont ils sont pénétrés, surtout leurs rapports avec les autres classes du peuple. Or, sous tous ces rapports, le

système d'élection était bien éloigné de produire des résultats satisfaisants ; il ne cessa de se ressentir des vices de son
origine. Sous la Restauration, les électeurs, au nombre de
quatre-vingt mille, pouvaient paraître un corps de privilé-
giés ; mais ce ne fut là que le moindre des inconvénients du
système : le plus considérable, c'est que ce corps se trouvait
composé, en grande majorité, de la classe la plus décidément
hostile à la royauté héréditaire, qui pourtant était alors la
base sur laquelle l'ordre social tendait à se constituer. Le coup
d'état du double vote ne put remédier à ce vice essentiel.
Comment s'étonner de la catastrophe finale ? L'abaissement
du cens, à la révolution de juillet, fit plus que doubler en
nombre le chiffre des électeurs ; mais le corps électoral n'en
demeura pas moins composé, dans sa majorité, des mêmes
éléments ; il continua à exprimer, sinon exclusivement, du
moins d'une manière dominante, les intérêts d'une seule
classe. Le pays fut livré à l'influence prépondérante du petit
commerce, à celle d'un certain nombre d'avocats, de jour-
nalistes, d'écrivains, qui s'en constituèrent les organes. La
loi électorale née de la révolution de juillet fut le marchepied
de ce trône où, dans l'oubli du passé et l'imprévoyance de
l'avenir, se prélassa la bourgeoisie dans la personne d'un
roi de son choix. Que telle ne fût pas l'œuvre fatalement imposée à la révolution de juillet, c'est ce qui me semble évi-
dent ; rien dans la nature des choses ne s'opposait à ce qu'elle
fût le début de l'émancipation progressive des classes inférieures. Mais que le triomphe de la bourgeoisie soit ce qu'elle
a été en fait, c'est ce qui ne me semble pas moins incon-
testable.

Des classes entières de personnes se trouvèrent en dehors de cette espèce de nation électorale, nation dans la nation, alors légalement constituée ; des intérêts, parmi tous les plus chers peut-être à la France, demeurèrent de même en dehors des intérêts légalement représentés. Le moindre commerçant d'une grande ville, grâce à la patente, vint jeter son poids dans la balance où se pesaient les destinées du pays ; un lieutenant-général couvert de cicatrices, qui avait gouverné des provinces, remporté des victoires, comme tel en demeura exclu. La loi électorale mettait au dessus de tous ces titres celui de payer deux cents francs de contributions. Mais en même temps qu'elle créait ce privilége de la propriété, elle excluait l'immense majorité des propriétaires français, et ceux-là mêmes qui présentaient peut-être, en raison même des circonstances où ils vivent, le plus de garanties pour l'ordre et la légalité, le plus grand nombre des petits propriétaires de nos campagnes. Cette loi électorale ne vit dans la masse de la nation qu'une classe, la bourgeoisie ; dans cette classe, qu'une seule condition d'aptitude politique, la propriété ; puis, dans la propriété, que la seule propriété industrielle ou commerciale, à laquelle elle assura la prépondérance. C'était emboîter, s'il est permis de s'exprimer ainsi, plusieurs monopoles les uns dans les autres. Peut-être ne faudrait-il pas chercher bien loin de là les raisons de tant d'attaques récemment dirigées contre la propriété ; peut-être est-ce là encore, dans le ressentiment de ces odieuses exclusions et contradictions, qu'il faut trouver la raison de cette distinction, si ridiculement fausse en elle-même, de peuple et de bourgeoisie (je m'en sers, sans doute, mais pour me conformer au langage reçu) ; les deux classes évidemment rentrent l'une dans l'autre, elles se confondent par une multitude de points de contact. La distinction est purement nominale, et l'on en fait pourtant sortir un antagonisme furieux, implacable.

La loi électorale est demeurée ensevelie sous les débris du trône dont elle était le fondement ; ce n'est pas moi qui m'arrêterai à en relever pieusement les débris. *Laissez les morts enterrer les morts*, nous dit le livre par excellence. Le suffrage universel me paraît l'expression réelle, légitime, d'une société réduite à des individualités, où tout ce qui ressemble à des classes ou à des castes n'existe plus que dans l'histoire, où les seuls intérêts ennemis seraient ceux que la législation s'aviserait de créer tels en les opposant les uns aux autres. Tout établissement politique a un principe constituant, une institution fondamentale qui l'exprime, et qui devient jusqu'à un certain point la source des institutions secondaires. Ce principe, dans les circonstances où nous sommes, c'est évidemment la souveraineté nationale ; cette institution fondamentale, le suffrage universel. Le suffrage universel, par cela même qu'il n'a rien d'exclusif, laisse à toutes les idées, à tous les sentiments, à toutes les opinions, la possibilité de s'exprimer, de s'associer, de se combiner ; il permet à tous les intérêts de peser, pour ainsi dire, de leur poids spécifique ; il les met à même de prendre au soleil la place qui leur appartient légitimement. Le suffrage universel ne ressemble en rien à ce lit de Procuste des anciennes lois électorales, où le corps social ne pouvait entrer que décapité de ses supériorités en même temps qu'amputé de ses membres inférieurs. Le suffrage universel ne partage pas arbitrairement le pays en deux classes, l'une en dedans, l'autre en dehors de la vie politique. N'aurait-il qu'un mérite de circonstance, celui d'avoir appelé à la vie politique cette classe immense vouée au travail agricole et qui nourrit la France, n'aurait-il que ce mérite, il devrait, ce me semble, être accepté sans limite et sans réserve. Dans mon opinion, je ne voudrais voir apporter à ce qu'il est aujourd'hui que des modifications d'une seule espèce, celles seulement qui le mettraient à même de se dégager de tout élément propre à en altérer la pureté, celles qui le mettraient à même de demeurer de plus en plus fidèle et semblable à lui-même. Je ne lui souhaite que cette chose, de devenir de plus en plus vrai. Les dernières dispositions législatives ayant trait à la façon dont les suffrages doivent être recueillis lui ont fait faire un grand pas dans cette voie.

La division de l'arrondissement en quatre circonscriptions est bien entendue; elle n'éloigne pas trop l'urne de la main de l'habitant de la campagne. Je voudrais l'en rapprocher encore. Le but du suffrage universel, n'est-ce pas d'avoir l'opinion vraie, spontanée du pays, à tel moment donné, sur les hommes et les choses? Laissez donc chacun donner son vote au centre de ses habitudes ordinaires, au milieu de ses amis, de ses voisins, avec qui il se trouve en communauté d'idées, de sentiments, d'opinions; ne dérangez pas le point de vue du tableau, si vous ne voulez pas altérer l'impression qu'il doit produire. Certaines gens s'alarment des influences des propriétaires, du clergé, de ce qu'on appelle les intérêts du clocher; c'est faire, convenons-en, singulièrement bon marché de la perspicacité et de l'indépendance de l'habitant de la campagne. Mais quand il en serait ainsi, à examiner froidement la question et sans parti pris, où serait le mal? Songe-t-on, au moment de l'élection, à briser le lien qui unit dans nos villes l'ouvrier et le manufacturier? Vous voulez envoyer les cultivateurs voter dans les villes : pourquoi ne pas envoyer l'ouvrier des villes voter à la campagne? Ces mêmes gens, ceux-là mêmes dont nous parlons, s'effraient surtout de l'influence du clergé. En quoi cette influence peut-elle être utile, en quoi funeste? C'est ce qu'il n'entre pas dans mon but de discuter en ce moment. Mais d'autres gens ne peuvent-ils pas s'alarmer aussi de l'influence du riche manufacturier sur la multitude qu'il emploie. Ne pourrait-on pas s'alarmer encore de l'influence des journaux, toute-puissante dans les villes? Les journaux ne sont-ils pas, au milieu des villes, des tribunes qui passionnent les masses, entraînent leurs votes! Propriété, clergé, presse, n'exercent, en définitive, les uns et les autres, qu'une influence limitée par une influence contraire. Pourquoi donc ces récriminations? Pourquoi ne pas également admettre la légitimité de ces influences diverses? La vie intellectuelle ou politique, qu'est-ce autre chose qu'un échange d'idées, de sentiments tour à tour imposés ou subis, suivant le côté où se trouvent les lumières, la supériorité morale? Quoi de plus naturel que de nous en rapporter à ceux en qui nous reconnaissons ces lumières, cette supériorité? Avoir la prétention de changer ces rapports, c'est prétendre à changer la nature même de l'homme. Le législateur ne peut qu'une chose, c'est veiller à ce que tout soit volontaire, à ce que tout se passe de gré à gré, pour ainsi dire, à ce qu'aucun abus de pouvoir ou de situation ne vienne altérer ces rapports naturels. Le suffrage universel a ceci de bon, ceci d'excellent, c'est d'ouvrir une carrière immense à toutes les opinions, à toutes les influences légitimes ; il tient une balance où chacun est appelé à peser non seulement de son propre poids, mais du poids de tous ceux qu'il entraîne à sa suite, qu'il convertit à ses opinions. Il diffère des lois électorales restreintes, précisément en ce que le législateur ne fait rien pour assurer la domination de certains intérêts ; il leur laisse la faculté de se développer dans toute leur énergie, il les met à même de se limiter, de se faire équilibre par le libre jeu de leurs forces respectives.

Passons-nous du principe générateur de nos institutions à nos institutions elles-mêmes, nous trouvons chose jugée en ce qui concerne l'organisation du pouvoir législatif et du pouvoir exécutif. La question qui dominait toute la discussion était, sans aucun doute, la préférence à donner au système de deux chambres ou à celui d'une chambre unique. Cette question a ceci de particulier : l'examinez-vous au point de vue théorique, la nécessité de deux chambres apparaît évidente, irrécusable ; les meilleures choses à dire se présentent comme d'elles-mêmes sur la diversité de leurs attributions : dans l'une, la sagesse, l'expérience, la tradition ; dans l'autre, l'esprit de nouveauté, un certain goût d'innovation, aiguillon nécessaire de l'amélioration ; l'Amérique nous offre, de plus, un précédent historique de grande autorité. Mais en venez-vous à la pratique, songez-vous à élever réellement sur cette double base l'édifice politique, au premier pas vous vous trouvez arrêté par cette difficulté : comment composer deux chambres ? où prendre les éléments intégrants de deux chambres ? Le mérite théorique de deux chambres consiste précisément dans la diversité de leurs fonctions, diversité résultant à son tour de celle des éléments dont l'une et l'autre sont formées. Mais dans cette France mise en poussière par le bélier des révolutions, dans cette France nivelée dans tous les sens, où la diffusion de la propriété, des lumières, où la sociabilité, par tous les contacts qu'elle engendre, arrive à produire une sorte de mesure commune à tous, cherchez partout, en tous sens, ne laissez pas un coin où n'ait pénétré la lumière de vos investigations, et vous ne trouverez pas ces éléments sociaux différents, condition nécessaire de deux chambres. L'Amérique, comparée à notre France, est déjà un pays à hiérarchie, à classification, presqu'un pays aristocratique ; le sénat possède d'ailleurs, dans l'Union, en raison de l'organisation même du gouvernement, certaines attributions que ne pourrait posséder chez nous un sénat successeur plus ou moins indirect de la chambre des pairs. Ne nous plaignons pas, au reste, de cette situation. Acceptons le nivellement social, tel qu'il s'est fait sous le coup terrible des révolutions, mais sans doute aussi sous la suprême direction de la Providence ; après tout, toute diversité d'éléments sociaux est un dernier reste des anciens antagonismes de classes ou d'intérêts.

La nécessité d'une seule chambre nous est donc imposée par la force même des choses. Toutefois de l'existence d'une seule dérivent de grandes difficultés ; elles se sont déjà montrées, elles se montreront peut-être plus menaçantes encore dans un avenir rapproché. La principale, celle qui les domine toutes, vient de la nature des rapports qui doivent en résulter entre le pouvoir législatif et le pouvoir exécutif, entre cette assemblée unique et la présidence. Dans le système de deux chambres, le président nous apparaît comme un pouvoir neutre, modérateur, tenant entre elles une balance impartiale ; quelles que soient ses attributions, quelles que soient les dispositions législatives qui règlent sa prérogative, c'est toujours ainsi que nous nous le représentons. Dans le système d'une seule chambre, le président nous apparaît non moins nécessairement sous le personnage d'un adversaire plus ou moins déguisé de cette chambre. Cet antagonisme peut être adouci dans la forme ; il peut ne pas se montrer tout d'abord à la surface, il n'en existe pas moins, dans la nature même des choses. La prévoyance législative doit accepter le cas où il se produira au dehors, et là commencent d'immenses difficultés. Assemblée constituante ou législative, et présidence, prennent toutes deux naissance au sein du suffrage universel. Le président, par droit de naissance, si l'on peut ainsi parler, est indépendant de l'assemblée, il n'en relève d'aucune façon. Quels deviennent, par la suite, ses rapports avec cette assemblée ? Est-il destiné à devenir l'exécuteur, l'organe, l'instrument du pouvoir législatif ? Pourquoi dès lors sa nomination par le suffrage universel ? Pourquoi ne pas s'en remettre à l'assemblée du soin de se créer elle-même son instrument ? Le système contraire est gros de contradictions. Le peuple ignore la pensée de l'assemblée, telle que cette pensée sortira de l'ensemble des événements : comment imposerait-il à cette pensée inconnue l'organe, l'instrument qu'elle est tenue d'employer ? La responsabilité du président présente, d'un autre côté, un non-sens encore plus manifeste. Le président est responsable, et de quoi ? D'une politique qui lui est imposée, que peut-être il a désapprouvée. L'instrument, dont la nature est d'être essentiellement passive, devient donc juge de la pensée qui le met en jeu ; cette responsabilité que vous lui imposez suppose évidemment en lui la faculté du choix, la liberté de faire ou de ne pas faire. Autrement, ne serait-ce pas le plus étrange renversement de toute logique que de lui faire porter au besoin la peine d'une tâche à lui imposée ? Il faut le répéter, la responsabilité suppose dans le président la faculté d'admettre ou de rejeter, en tout ou en partie, la politique de l'assemblée ; elle l'en constitue jusqu'à un certain point le juge. De ce côté, le voilà donc supérieur à cette assemblée dont tout-à-l'heure nous l'avons vu l'humble serviteur. Une objection se présente ; on dira : Ce n'est pas directement, mais indirectement qu'il est appelé à agir ; c'est seulement par des ministres du choix de l'assemblée. La difficulté, pour avoir reculé d'un pas, n'en demeure pas moins la même au fond. Comment le président entrerait-il en partage de responsabilité avec un ministère qui ne serait pas de son choix ? Vis-à-vis de ce ministère se renouvellerait cette position où nous l'avons vu tout à l'heure vis-à-vis de la chambre. Pour comble d'embarras, aussitôt que cet antagonisme s'est montré entre la chambre et le président, aucun moyen d'en sortir : la chambre ne saurait briser l'homme qui, à un certain point de vue, n'est pourtant que son instrument ; le président ne peut dissoudre la chambre, dont, à un point de vue opposé, nous avons vu qu'il était pourtant le supérieur.

Le pouvoir, tel qu'il sortit tout organisé de la tempête de juin, comme Minerve tout armée du front de Jupiter, se montrait plus logique, plus en harmonie avec la nature réelle des choses. D'embarras semblables, la monarchie avait, pour s'en tirer, de merveilleux expédients : le roi pouvait dissoudre la chambre, non pas une, mais deux, mais trois fois, mais aussi long-temps que les votes des finances avaient assuré les services publics. Arrivait-il, en fin de compte, à ne pouvoir s'entendre avec la chambre élue, il en était quitte pour le sacrifice de son ministère. La fiction anglaise de l'irresponsabilité royale couvrait tout ; dans la royauté se personnifiait un droit impérissable, ou censé tel, habitant une région supérieure aux orages. Evidemment donc l'avenir est appelé à s'occuper de cette difficulté. Quelle solution en donnera-t-il ? C'est ce qu'il serait prématuré de vouloir conjecturer, au moins quant aux détails. En tous cas, l'évidence même du mal empêchera peut-être qu'il ne devienne funeste, au moins de long-temps. Ce n'est pas contre les écueils apparents, si terribles, si menaçants qu'ils puissent être, que viennent se briser les vaisseaux. Disons plus : cet antagonisme, par cela même que la théorie n'a rien fait pour l'éviter, qu'elle semble avoir pris plaisir à le constituer ; cet antagonisme, grâce à tous les périls dont il est gros et qui frappent tous les yeux, deviendra peut-être une source de concession, de transaction, de conciliation. C'est ainsi du moins que je serais, pour mon compte, disposé à le considérer, jusqu'au moment où une révision de la Constitution permettra d'apporter au mal un remède définitif.

Un grand fait insurrectionnel a dominé la France, du 24 février au 4 mai. Je rends grâce et justice aux hommes qui, portés au pouvoir par la tempête révolutionnaire, ont cherché à en renfermer l'action désastreuse dans les plus étroites limites possibles. Au 4 mai, ce qui n'était qu'une insurrection victorieuse, et victorieuse sans combat, changea de caractère ; le régime politique qui venait de sortir du suffrage universel devenait le point de départ de l'ordre, de la légalité, du progrès. Hâtons-nous donc de renfermer l'œuvre révolutionnaire dans d'étroites limites. Hâtons-nous d'entourer de soins préservateurs l'arbre dont le sommet a été frappé par la foudre ; ne le laissons pas dépouiller de certaines institutions dont nous avons hérité de nos pères, que le progrès du temps n'a cessé d'améliorer : l'armée, le clergé, l'administration. Le génie français se manifeste volontiers, en effet, sous ces trois formes : nous sommes administrateurs, guerriers, ecclésiastiques ; à toutes les époques de notre histoire, nous apercevons que l'administration civile, le clergé, l'armée, ont été parmi nous les grands instruments, les instruments providentiels du progrès social. Gardons-nous de vouloir affaiblir ni l'une ni l'autre de ces grandes institutions ; contentons-nous de les mettre de plus en plus en harmonie avec les principes de nos institutions nouvelles, de les rendre de plus en plus propres à l'œuvre qu'elles ont mission d'accomplir. Conservons une administration forte, souple, savante, qui, enlaçant le pays du centre à la circonférence, soit à la fois l'expression et le résultat de notre unité nationale si fortement constituée. Là se trouve un principe de force intérieure et d'indépendance extérieure que l'Europe nous envie. Ménageons seulement dans ce système une décentralisation assez habilement calculée pour assurer à la gestion des intérêts locaux une certaine indépendance vis-à-vis l'autorité centrale ; trop puissante et trop peu contrariée aujourd'hui, la domination exclusive de celle-ci ne peut manquer de devenir souvent aveugle, irréfléchie, passionnée. Pendant les saturnales révolutionnaires, nos armées victorieuses devinrent le glorieux refuge de l'honneur et de la liberté; leur gloire jeta comme un brillant manteau sur les crimes de l'époque. Nul ne saurait rendre le sentiment de dégoût et d'horreur qui nous saisit à l'aspect de ces temps déplorables, dans les rares intervalles où l'éclat de nos armes ne vient pas les illuminer de leurs splendides éclairs; ce n'est plus alors qu'un chaos informe, ténébreux, sanglant, où se débat le jacobinisme. Ne fût-ce que par reconnaissance, nous devrions nous garder de porter sur notre belle et forte armée une main désorganisatrice. Sachons pourtant modifier sur quelques points son organisation; mettons-la plus complétement en harmonie avec le nouvel ordre de choses auquel elle appartient; sachons en obtenir davantage encore. Le législateur devra se proposer tout à la fois de resserrer les cadres de l'armée active, de l'élargir et par la base, en la rattachant à la garde nationale, c'est-à-dire à la nation armée. Un projet présenté à la chambre par le général Lamoricière était un pas, et un pas considérable dans cette voie. Momentanément écarté de la tribune, il s'y reproduira sans doute. Le problème à résoudre est complexe. D'un côté, il s'agit d'avoir une armée active moins nombreuse que l'armée actuelle, mais qui en revanche serait plus manœuvrière, plus instruite, plus solide, où la durée du service serait prolongée. Les primes de remplacement, pourvu qu'il en fût fait un bon usage, suffiraient à atteindre ce but; il serait possible d'en faire sortir de grands avantages pour de vieux soldats, et l'on verrait alors grand nombre de

jeunes gens se vouer exclusivement au service militaire. Il s'a-
git, d'un autre côté, de rattacher à ce noyau de vieux soldats,
éprouvés par une longue pratique de la discipline, des réserves, milices, gardes nationales mobiles, etc., etc. Je dois
me borner, au reste, à indiquer brièvement ma pensée.

Déjà je l'ai dit, le génie national de la France, en même
temps qu'il est guerrier, est aussi éminemment sacerdotal.
C'est ce que nous voyons à toutes les époques de notre histoire : car le génie d'un peuple, comme les produits de son
sol, a toujours un certain goût de terroir. La Gaule, avant
la conquête romaine, appelait déjà ses druides à ses conseils.
La monarchie française, c'est la remarque d'un historien
protestant (Gibbon), fut construite par les évêques, comme une ruche est construite par ses abeilles. Depuis lors, le
clergé français n'a cessé, à toutes les époques de notre histoire, de se distinguer par son courage, son abnégation per-
sonnelle, son intelligence des choses civiles et politiques. Le
clergé de notre époque, et c'est une justice qui ne lui est pas
refusée par ses adversaires eux-mêmes, s'est montré fidèle à
tant de glorieuses traditions. Il n'est pas d'instant du jour ou
de la nuit où nous ne le voyions à l'œuvre. Le clergé combat
les doctrines qui menacent la société, depuis leurs prédica-
tions perverses jusqu'aux barricades où elles envoient mourir leurs fanatiques. Ce serait avoir des yeux pour ne point
voir, des oreilles pour ne point entendre, que se refuser à
comprendre tout ce que nous devons, depuis longues années,
à son ardente, son infatigable sollicitude. L'avenir l'appellera
peut-être à rendre de plus grands services que jamais. Deux
choses manquent à la société actuelle, la foi et la hiérarchie :

lui les possède ; puisse-t-il en conserver le précieux dépôt, afin de nous le rendre dans des jours meilleurs ! En attendant, quelle corporation mettre à côté de celle qui fournit à nos cultivateurs le modeste curé de campagne, aux ouvriers des villes l'humble ignorantin, aux quatre parties du monde le sublime missionnaire ? Le clergé a versé son sang à grands flots sur l'échafaud révolutionnaire ; nous avons vu notre grand archevêque aller mourir sur les barricades ; dernièrement les plages inhospitalières de la Cochinchine se rougissaient du sang de martyrs qui sont aussi les précurseurs de la civilisation. L'imagination s'étonne quand elle contemple, d'un côté, le petit nombre de nos prêtres, de l'autre l'œuvre à laquelle ils suffisent ; elle ne sait où ils trouvent assez de sang pour le long sacrifice, assez de bras pour le labeur immense. Elle doit se rappeler que la foi transporte les montagnes et multiplie les pains. Je le dis sans détour, je verrais donc avec orgueil pour le pays, avec espérance pour l'avenir, tout ce qui contribuerait à donner force, puissance, autorité à l'établissement ecclésiastique. Les circonstances semblent, jusqu'à un certain point, appeler des mesures de cette sorte. Jadis, nous voulons dire il y a quelques années, tant les événements nous séparent de cette époque, la société reposait sur plusieurs bases ; elle se composait de plusieurs institutions fortes, puissantes, ou qu'on aurait dû croire telles. C'était un grand travail alors pour l'homme d'état que de tout peser, tout mesurer, et faire à chacune sa part, d'empêcher la prépondérance de l'une d'elles, de les maintenir toutes dans leur sphère d'action respective. C'est alors seulement que ces institutions pouvaient s'engrener convenablement, se faire mutuellement équillibré, se contrebalancer les unes par les autres. Mais aujourd'hui de semblables soins ne seraient-ils pas superflus, presque puérils? Peut-il être question de semblables préoccupations pour l'homme politique vraiment sérieux? Rien ne subsiste plus de ce savant mécanisme social, auquel je viens de faire allusion; la société gît sur la place publique, en débris, en poussière. Nous ignorons d'où viendra le souffle qui soulèvera cette poussière; nous ne pouvons entrevoir la main qui relèvera ces débris, encore moins le nouvel édifice où ils entreront. Respectons donc, entourons de soins jaloux les seules choses qui restent debout : l'armée, dont je viens de parler; le clergé, dont je parle en ce moment; deux agrégations d'hommes où se trouvent également, sous des formes diverses, ce qui manque précisément partout ailleurs, je veux dire la double faculté de l'obéissance et du commandement, mobile des anciennes sociétés, aujourd'hui banni de la nôtre. Je crois inutile de dire dans quelles limites, au centre de quel cercle distinct de celui où s'agitent les passions politiques et les intérêts matériels, j'entendrais restreindre la mission du clergé.

L'homme ne vit pas seulement de la vie du moment, il vit aussi dans l'avenir, il vit dans ses enfants; il en est de même de la société. Les générations vivantes ne doivent pas seules attirer notre attention; elles ont si peu de temps à fouler encore cette terre! Les mille fosses qui s'entr'ouvrent à chaque minute ne doivent-elles pas leur rappeler, ne doivent-elles pas aussi rappeler au législateur la brièveté de leur existence terrestre? Encore quelques années, quelques mois, quelques jours, pour ainsi dire, et les générations qui s'agitent, bruyantes et passionnées, sur la surface de la terre, auront caché au sein de ses entrailles leurs cendres refroidies. Aussi est-ce de ses enfants bien plus que de lui-même que l'homme individuel aime à s'occuper ; dans les soins qu'il leur donne, dans lesquels il se survit à lui-même, il trouve cet avant-goût de l'éternité, ce sel de l'immortalité qui seul relève la misérable nourriture qu'il cueille dans le temps. L'éducation doit reposer sur des considérations générales qui se rattachent aux conditions mêmes de la société. L'enfant ne vient pas au monde pour y vivre isolé, mais pour appartenir à une société dont il sera membre, pour y remplir une fonction à laquelle il s'agit de le rendre propre. Or, si je ne me trompe, l'époque actuelle se montre avec un caractère déjà prononcé, et destiné à devenir plus saillant dans l'avenir : elle manifeste un retour prononcé vers les idées chrétiennes ; nous assistons, sous quelques rapports, à une sorte de nouvelle incarnation, de plus en plus profonde, du christianisme au sein de la société. Nous vivons en même temps sous un régime de liberté ; la liberté sous toutes ses formes, dans tous les ordres de choses et d'idées, la liberté religieuse et la liberté d'enseignement, qui se touchent, qui se confondent par tant de points, doit donc se retrouver dans tout système d'éducation institué par le législateur. La liberté religieuse, dans son élément le plus précieux, c'est, pour le père de famille, la faculté de faire élever son enfant dans les idées qui lui sont chères ; la liberté de l'enseignement, c'est la liberté religieuse prenant possession de l'avenir. Ces deux sortes de libertés s'appellent et se nécessitent réciproquement. Comment le ci-

toyen qui s'efforce d'entourer sa croyance de toutes les pré-
cautions qui lui en assurent la liberté consentirait-il à se voir
privé de garanties qui le mettent à même d'en transmettre le
dépôt à ses enfants, sous des conditions dont lui seul demeu-
rera juge! Nous venons de le dire, c'est précisément pour lui
le côté le plus précieux de la liberté religieuse. Dans le système opposé, c'est au contraire l'état qui confisque l'individualité du père de famille, qui se substitue au père de famille.

Nous ne comprendrions pas que l'université conservât,
sous un régime de liberté, le privilége, le monopole qui en
faisait le fondement de l'édifice impérial. Je ne sache pas de
chose plus ridicule que toute prétention d'une doctrine d'état,
d'une philosophie d'état, d'une sorte de religion d'état, for-
gée par l'université. L'université, telle qu'elle existe aujour-
d'hui, on l'a dit avec toute justesse, c'est le communisme des
intelligences. Qu'est-ce que le communisme? Une doctrine au
nom de laquelle l'état fait à chacun sa part dans la propriété
générale, une doctrine au nom de laquelle il dit : « Votre
champ à vous s'étendra jusqu'à cette borne, le vôtre jusqu'à
cette autre borne. » — L'état, par l'organe de l'université,
dira-t-il aussi : « Vous apprendrez ceci, vous apprendrez cela;
vous ne saurez que ceci, vous ne saurez que cela. » — J'ad-
mets, sans répugnance (qu'on veuille bien le remarquer), la
surveillance générale de l'état sur la police de l'éducation ;
mais la mise hors l'état de tout ce qui n'aura pas passé par
les mains de l'université, la nécessité pour chacun de se faire
marquer, timbrer par l'université, est certes une des plus
étranges prétentions qui aient pu survivre, dans nos temps de
liberté, aux temps impériaux. Quoi ! pour remplir telle ou telle

fonction publique il ne suffit pas de s'en montrer capable, il faudra que cette capacité ait grandi dans tel ou tel établissement ! Ce n'est pas, à vrai dire, l'aptitude qu'il s'agit de constater, mais le lieu où elle a été acquise ! Ce qui fait le prix d'un cheval ne sera pas sa vitesse, sa légèreté, sa force, mais la marque mprimée en sa chair par le fer chaud du haras ? On ne saurait imaginer, à ce point de vue, de plus singulier caprice de la part de l'état. D'ailleurs nous n'en voulons aucunement, nous prions qu'on le remarque, aux grands établissements d'instruction publique institués, soutenus par l'état ; nous ne trouvons rien à dire à l'existence de grandes institutions scientifiques organisées par lui : il dispose de moyens propres à rendre ces institutions vastes, complètes. Nous voulons seulement qu'il soit permis de ne pas franchir le seuil de ces établissements sans encourir cette peine terrible : la mise hors l'état. Certain fait de statistique me paraît bon à rappeler en ce moment. Une place devient-elle vacante dans un de nos petits séminaires, six pères de famille présentent leurs enfants ; sur les six il y en a donc cinq réduits à faire élever leurs enfants autrement qu'ils ne l'eussent voulu. Ces pères de famille ont-ils tort, ont-ils raison de préférer les petits séminaires à l'université ? Pour le moment ce n'est pas la question. Mais je serais curieux, je l'avouerai, de voir le ministre de l'instruction publique aux prises avec les partisans de l'éducation religieuse ; je serais curieux de l'entendre leur démontrer comment, sur six enfants, cinq doivent être élevés autrement qu'ils ne le désirent, un seul excepté de la règle ; je voudrais voir qui se trouverait le plus embarrassé, ou le successeur des grands-maîtres de l'université, ou bien ces humbles pères de famille pris au hasard. Enfin, que répondre à cette manière de poser la question : L'université a-t-elle en sa faveur l'opinion de la majorité? que peut-elle craindre de la liberté, qu'a-t-elle à redouter de la concurrence? Est-ce le contraire? de quel droit imposer à la majorité, sous un régime de liberté, un système qu'elle repousse? Dans le premier cas, le monopole est inutile; dans le second il est odieux, il n'est rien moins qu'un crime de lèse-souveraineté populaire.

S'il est une mesure que réclame impérieusement l'opinion, c'est celle d'une décentralisation administrative habilement calculée. Il y a long-temps qu'on ne saurait s'occuper des questions politiques sans être profondément frappé de sa nécessité. Je demanderai la permission de rappeler ce que moi-même j'écrivais à ce sujet, il y a bien des années. — « Sans doute, il ne saurait être question, pour ceux qui sollicitent et réclament la décentralisation, de détruire l'unité administrative et exécutive. Cette unité de l'administration française a été successivement le rêve de la plupart des hommes d'état de la monarchie; elle était au fond des plans et des projets de réforme de Turgot. C'est, sous certains points de vue, la seule œuvre durable de la révolution. Nous comprenons parfaitement que l'impulsion administrative vienne du centre à la circonférence; c'est la contre-partie du mouvement électoral, qui va de la circonférence au centre. Dans la pensée générale, résultant du concours des trois pouvoirs, il y a unité; il doit donc y avoir unité aussi dans l'exécution de cette pensée : voilà le principe. Mais, de même qu'il existe un rapport entre les proportions de la tête et celles du corps de l'homme physique, en dehors duquel il n'y a plus ni force, ni beauté, ni santé, il faut qu'un rapport analogue existe entre la tête et le corps social. Or, très certainement, ce rapport n'existe plus dans notre système administratif; la centralisation, c'est-à-dire la domination de Paris sur la province, a été poussée à un point où elle est devenue, à leur égard, un impitoyable despotisme. Aucune hiérarchie protectrice et intermédiaire n'existant entre le pouvoir et l'individu, qui modère, mitige l'action de ce pouvoir, l'individu en est comme écrasé; seul, isolé, perdu pour ainsi dire dans l'espace, comment peut-il lutter contre ce pouvoir immense, gigantesque, qui couvre le sol entier? D'un côté, c'est la faiblesse, une sorte de néant; de l'autre, l'omnipotence. Voyez ces grands empires de l'Orient, où s'est immobilisé le pouvoir absolu : là, c'est aussi, d'un côté, un grand pouvoir central; de l'autre, des individus isolés, sans lien, sans cohésion entre eux. Combien d'autres objections adressées encore à une centralisation excessive! Les objets les plus chers à l'homme, ceux dont il est naturel qu'il veuille s'occuper avant toutes choses, les intérêts de sa famille, de ses amis, de ses voisins, de sa corporation, de sa commune, il lui est pour ainsi dire interdit de s'en occuper. Par là, le plus grand nombre est paralysé dans son intelligence et ses affections. Chose bizarre et fatale! à mesure que s'accroît, par la diffusion des lumières, le nombre des gens aptes à occuper les emplois, le nombre de ceux-ci valant la peine d'être quelque peu ambitionnés va en diminuant; ils vont perdant de plus en plus leur valeur d'opinion. Autrefois il n'y avait guère, dans l'état, de familles assez haut placées pour n'avoir pas au dessus d'elles un titre, un emploi, une magistrature à désirer, à briguer ; au dessus se trouvaient d'autres emplois, d'autres titres. Il y avait ainsi, pendant plusieurs générations, un but légitime à de grands et nobles efforts ; chacun avait une raisonnable espérance d'honorer, sinon d'illustrer sa vie. Aujourd'hui, si on met à part l'ignoble côté de l'argent, quelle est la fonction sociale, publique, qui ait un but honorable, qui donne de l'importance ou de la considération ? Or, la seule chose qui puisse remédier à une partie de ces inconvénients, c'est une décentralisation habilement calculée, passant peu à peu dans nos habitudes » (1).

Le temps a marché depuis le moment où ces lignes furent écrites ; une révolution s'est accomplie. Ce besoin de décentralisation dont je parlais alors en est devenu plus pressant, plus généralement senti. La centralisation administrative, la seule dont il soit ici question, est un instrument qui peut être tantôt utile, tantôt funeste. Nécessaire à l'œuvre de Napoléon, elle fut une des formes sous lesquelles la société se livra tout entière au représentant de l'ordre et de la hiérarchie. Mais depuis lors la France est rentrée en possession d'elle-même, le moment est venu pour elle de prendre en main la responsabilité de ses propres destinées ; elle peut, elle doit s'administrer de ses propres mains. L'élément territorial de la France, avant notre première révolution, c'était la province. Les provinces, se rattachant à la monarchie par des liens divers, jouissaient d'institutions propres à chacune d'elles. Plusieurs de celles appelées pays d'état possédaient une grande indépendance dans leur administration inté-

(1) Guillaume d'Orange et Louis-Philippe, ou 1688-1830, par M. Barchou de Penhoën. — 1838.

rieure ; elles pouvaient résister, elles résistaient souvent à l'autorité royale, ou, plus exactement peut-être, aux représentants de l'autorité royale. D'un autre côté, plusieurs de ces institutions provinciales, plus favorables que d'autres aux libertés locales, constituaient de véritables priviléges pour celles qui en jouissaient. De là vint que l'œuvre de la révolution fut double à l'égard de ce qu'on peut appeler l'organisation territoriale de la France : elle anéantit cette situation privilégiée des provinces à l'égard les unes des autres, dont je viens de parler, comme elle anéantissait les priviléges de classe à classe ; elle fit faire au génie français un pas immense dans cette voie d'unité, d'égalité, où il n'a cessé de marcher ; en même temps elle fit triompher, sur les débris de ces institutions diverses, l'autorité centrale, héritière de l'ancienne autorité royale. Dans ce but, la France fut divisée en départements, et cette division fut le moyen le plus puissant qui se pût employer pour abattre, pour mettre en ruines toute l'ancienne organisation. La province, avec son passé historique, avec ses institutions particulières, jouissait d'une vie puissante, individuelle ; qui en faisait une sorte d'état distinct. Elle avait son existence propre ; elle tenait parfois à la monarchie par un simple lien fédératif. La révolution, en brisant cet état de choses, ôta toute individualité, toute conscience d'elle-même à la province : elle en fit un cadavre ; puis, suivant certaines circonstances géographiques, elle découpa ce cadavre en portions à peu près équivalentes en étendue et en population, qu'elle appela départements ; elle enferma enfin ces diverses portions du sol dans les cadres d'une administration uniforme, qui vint aboutir au centre, à Paris, d'où elle dut recevoir toute impulsion. D'où l'aurait-elle reçue, en effet, cette impulsion? d'où lui serait venu le mouvement? Cette administration, alors imposée au département, n'était pas née du sol, elle n'était pas le résultat de besoins locaux politiques ou administratifs; elle descendait, pour ainsi dire, toute faite de Paris, pour venir couvrir le reste de la France des mille réseaux de sa trame compliquée. La province se vit ravir toute possibilité d'un mouvement volontaire, d'une impulsion spontanée; en revanche elle dut céder, toujours céder à toute impulsion partie du centre. La vie politique, pendant la fièvre révolutionnaire, se porta tout entière à Paris, comme chez l'homme elle se concentre au cerveau pendant la fièvre chaude. La mission guerrière de Bonaparte produisit les mêmes résultats; l'activité sociale continua de se porter au centre, en abandonnant les extrémités.

Mais une phase nouvelle dans les rapports de la France avec Paris me semble devoir succéder à celle-là. Le moment n'est-il pas venu où le département peut sans inconvénient être appelé à un rôle nouveau? Nous l'avons vu, à son origine, comme un instrument destiné à broyer la province, à briser toute résistance provinciale; mais ne doit-il pas cesser, ou, pour mieux dire, ne cesse-t-il pas déjà d'en être réduit à cette seule existence purement négative? Le département fut d'abord une circonscription arbitraire, une sorte de fiction ou d'abstraction purement administrative; c'était dans son genre une de ces monnaies idéales au moyen desquelles se font tous les comptes, et qui n'ont qu'une existence de convention. Mais peu à peu cet état de choses s'est modifié, et va se modifiant journellement dans le même sens.

Dans le département, la vie publique s'est éveillée sous toutes ses formes nouvelles : conseils généraux, conseils d'arrondissement, conseils municipaux, garde nationale, jury, élections de toutes sortes. Peu à peu le département cesse d'être seulement cette chose administrative dont nous venons de parler; il se fait un être réel, animé, vivant. Ce qui est déjà dans les faits, les mœurs, les habitudes, n'a pourtant pas encore passé dans la législation; et cela forme une étrange anomalie avec l'ensemble de nos institutions politiques. Nous vivons sous l'empire du suffrage universel; le journalier en blouse, son bulletin à la main, pèse autant dans la balance du pays que le maréchal de France. La monarchie et la république sont dans les mains de cet homme qui va déposer son vote; faites-le membre du conseil général, membre du conseil d'arrondissement, maire de sa commune, il ne pourra la plupart du temps relever un clocher, réparer un pont, fonder une école, sans licence venue de Paris. N'est-il pas opportun de remédier au plus vite à cet étrange contre-sens? D'ailleurs il ne s'agit en tout cela que d'une décentralisation purement administrative, et qui ne saurait dès lors avoir aucun des inconvénients qu'on a pu signaler dans les constitutions intérieures des provinces. La province pouvait bien pousser parfois son indépendance jusqu'à la révolte, jusqu'au seuil de sa séparation d'avec l'Etat; notre vieille Bretagne, fière de son passé, appuyée sur ses états, pouvait bien paraître parfois assez incommode à l'ancienne France; elle-même pouvait considérer, sans trop se troubler, sa puissante voisine. Mais le département, tout décentralisé que nous voulions le supposer dans son admini-

stration, ne saurait reproduire une situation semblable. Par
son peu d'importance en territoire et en population, il
échappe à ce danger. Il peut bien devenir, sous le rapport
administratif, une sorte de province au petit pied, mais une
province dépouillée de tous les inconvénients de l'ancien système. Si je désire la décentralisation administrative, c'est
avec la conviction qu'elle ne saurait nuire dans aucun cas à
l'unité politique de la France, à l'individualité de notre génie national.

Dans un temps rapproché de nous par la date, mais dont
les événements nous ont séparés par des abîmes, il était permis de ne pas donner beaucoup d'attention à ce sujet : aujourd'hui les choses ont bien changé. Pendant la durée de
la monarchie, le pouvoir central semblait en mesure de pa-
rer à toutes les éventualités menaçantes. On s'en remet-
tait tout naturellement à lui du soin de la sécurité et de la
prospérité publiques. N'était-ce pas lui, en définitive, que
devait atteindre tout le premier tout danger qui menacerait
le pays? Aussi bien que le gouvernement, le péril paraissait être au centre. Mais, sans avoir quitté le centre,
le danger s'est maintenant répandu sur la surface entière
du pays. Des doctrines subversives de toute société, partout prêchées, peuvent armer partout des milliers de fanatiques; il faut que partout aussi la cause de l'ordre, de la
famille, de la liberté, puisse également armer ses innombrables défenseurs. Or, je ne connais qu'un moyen pour atteindre ce but, c'est de créer des institutions départementales
fortement constituées, et de leur donner pour base et pour point
d'appui les conseils généraux. Paris n'a point oublié, Paris ne

saurait oublier ces gardes nationaux accourant à son secours de tous les points du territoire ; il se rappellera long-temps les avoir vus se précipiter, tout couverts de la poussière des grands chemins, au milieu de la fumée des combats, escalader les barricades pour se reposer des fatigues de la route. Alors, un élan général, un de ces élans sublimes auxquels obéissent les peuples dans les moments suprêmes, et où il faut reconnaître le doigt de Dieu, soulevait, pour ainsi dire, toute la nation d'une impulsion unanime. A présent c'est à nos institutions qu'il faut demander ces moyens de salut que nous trouvâmes alors dans la gravité même des circonstances. Pour ces crises terribles, toujours menaçantes, tenons prêts les mêmes héroïques remèdes. De nombreuses difficultés administratives accompagnèrent, dans beaucoup de cas, le départ de ces volontaires qui s'élançaient vers Paris ; ces obstacles doivent être écartés dans l'avenir. Et d'ailleurs, pourquoi reculerais-je devant l'expression de ma pensée tout entière ? Est-ce seulement sur les barricades que Paris pouvait être sauvé ? Est-ce seulement sur ces barricades improvisées que la population intelligente, laborieuse, honnête, du reste de la France, pouvait venir au secours de Paris, et sauver Paris du joug de l'insurrection qui l'ensanglantait ? Non, mille fois.

La population de Paris s'est montrée intrépide, mais la chance pouvait tourner contre elle ; les hordes de l'insurrection ont été au moment de s'élancer des barricades à l'Hôtel-de-Ville. Elles s'emparaient alors, par un seul coup de main, des pouvoirs sociaux. L'immense majorité, l'unanimité, pour mieux dire, de la population de Paris eût été heureuse alors de trouver dans la province de nouveaux appuis pour résister, de nouvelles armes pour continuer la lutte. Des départements fortement constitués lui eussent offert autant de camps retranchés, d'où elle se fût élancée à de nouveaux combats. Alors Paris se fût bien trouvé qu'il n'eût pas suffi d'une dédaigneuse dépêche de trois lignes, d'une diligence surmontée d'un drapeau ou d'un bonnet rouge, pour faire accepter à la province le nouveau joug que lui imposait la faction triomphante. Or, c'est seulement à l'aide de ces institutions que nous réclamons qu'il eût été permis aux départements de mettre sur pied toutes leurs forces, de déployer toute leur énergie. Mais aussi l'insurrection victorieuse se fût trouvée en face de la France entière, de l'armée réorganisée, des autorités légales revenues d'une première surprise ; alors elle eût eu à compter avec ce suffrage universel, où, selon moi, l'esprit révolutionnaire est venu creuser son tombeau. Dans une autre circonstance, dans un autre esprit, il a été dit : « L'or et le sang de la France n'appartiennent qu'à la France. » Ils appartiennent à la France, en effet, non pas à des minorités factieuses qui veulent remplacer l'assentiment par la terreur, le drapeau national par le drapeau sanglant, pour qui la société se résume en une barricade surmontée d'une guillotine.

La décentralisation départementale conduira, j'en ai l'espoir, à un remaniement de nos institutions communales. Les nôtres se ressentent de cette manie de centralisation dont nous voudrions détruire les funestes effets. La commune est la sphère naturelle où doit s'exercer l'activité sociale de l'individu : là se trouve ce qui, dans l'idée, dans le sentiment général de la patrie, est susceptible de prendre une voix, une forme, un corps, de se réaliser à des degrés différents ; elle se façonne en quelque sorte aux proportions humaines. Porter la main sur les libertés communales, par elles-mêmes si inoffensives, c'est vraiment porter la main sur l'homme, c'est le restreindre dans l'exercice le plus légitime et le plus naturel de sa liberté. Dans la commune sont les relations de famille, d'intérêt, de tradition. Toutes modifications aux institutions communales actuelles, pour peu qu'elles fussent de nature à les altérer dans le sens de la liberté et de l'indépendance, seraient accueillies par moi avec empressement. Ces libertés communales, toutes précieuses qu'elles soient, sont en outre celles dont l'usage offre le moins d'inconvénient et de danger. Ce que nous avons dit sous le rapport du département s'applique avec cent fois plus de vérité à la commune. Sous ce rapport l'histoire nous offre un curieux spectacle : sous des gouvernements énergiques, despotiques même, les communes conservent quelquefois de grandes franchises ; elle se gouvernent, s'administrent dans une complète indépendance, en tout ce qui touche à leurs intérêts propres. Un pays auquel j'ai consacré de longues études présente, en ce genre, un exemple singulier : dans l'Inde, sous le joug étranger, sous la double servitude d'une conquête superposée à une autre conquête, la liberté réelle, la liberté naturelle à l'homme trouva dans les communes un asile qui la sauva. Le même phénomène s'est, jusqu'à un certain point, reproduit dans le nord de l'Italie. Là, hélas ! aussi sous le joug odieux de l'étranger, j'ai pourtant pu observer la commune la plus admirablement et la plus libéralement constituée qui soit dans l'Europe entière. Là fonctionne un suffrage presque universel ; le médecin, le chirurgien, le maî-

tre. d'école, la maîtresse d'école, la sage-femme, souvent l'a-
pothicaire, prodiguent gratuitement leurs soins aux pauvres
aussi bien qu'aux riches; les malades non reçus dans les hô-
pitaux sont secourus à domicile. Une habile administration,
s'aidant de la prospérité générale, parvient à faire face à toutes
ces dépenses. C'est pourtant, nous venons de le dire, sous le
joug de la conquête, sous le sabre autrichien, que s'est per-
pétué cet état de choses. Espérons donc que nos conquérants
de par la plume, que nos dominateurs de par la centralisation,
nous permettront de tenter quelque nouvelle organisation
communale sur ce modèle. Un long séjour dans le pays dont
je viens de parler m'a mis à même de consacrer des études à
ce système d'administration; je serais heureux d'en faire pro-
fiter mon pays, dans la mesure de mes forces. Je mettrais de
l'empressement, j'éprouverais un véritable bonheur à porter mon grain de sable à ce nouvel édifice, je l'appelle du
moins de tous mes vœux.

Plusieurs choses sont à faire, dans toute situation politique,
pour ceux qui mettent la main à l'œuvre. Il s'agit d'abord de
constituer cette situation au point de vue le plus avanta-
geux, le plus logique; il faut définir exactement le but à
atteindre; il faut encore connaître l'obstacle à écarter du
chemin, l'ennemi à combattre. Que faire pour réaliser en ce
moment ce double résultat? A mes yeux, il s'agit avant tout
de former un grand et nouveau parti conservateur, assez
vaste pour absorber les éléments des anciens partis conser-
vateurs de toutes nuances : par là seulement ce parti devien-
drait assez fort pour accomplir, sans se briser, le progrès social; par là aussi il pourrait vraiment mériter ce nom de con-

servateur que je lui donne. C'est la loi même de ce monde que toutes choses vivantes soient tenues, pour se conserver, de se renouveler, de se transformer incessamment. La vie politique, comme la vie animale, s'entretient par l'assimilation journalière d'éléments nouveaux. Tout parti conservateur est dès lors, et par cela même, un parti progressif. Aider à cette assimilation, favoriser le progrès, faire en sorte que tout élément nouveau soit assimilé à l'organisme politique, prévenir ainsi tout antagonisme, c'est le but, c'est la science suprême du législateur. En tout, toujours et partout, il n'est qu'un moyen de prévenir les besoins factices et dangereux qui tourmentent parfois la société : c'est de satisfaire ses besoins réels et légitimes. Il n'est qu'un moyen de prévenir les révolutions violentes, c'est d'aider aux évolutions sagement progressives. Le législateur devra dès lors prendre pour point de départ de toute innovation l'ordre de chose existant ; car, après tout, il faut bien considérer, dans son ensemble, l'état de choses établi dans un pays comme voulu par la Providence, comme résultat nécessaire de ce qui l'a précédé. Le législateur devra se garder de vouloir intervenir directement entre la répartition du capital, tel qu'il s'établit dans le mouvement social, sous la loi de liberté, par suite des efforts de chacun. Il devra s'abstenir de vouloir, au moyen d'un système d'impôt, supprimer la liberté dans ses résultats sur la richesse publique. Il devra encore repousser ce qui, de près ou de loin, a un rapport plus ou moins marqué avec un système quelconque d'impôt progressif. Sous une fausse apparence de justice, tout impôt de ce genre cache la plus grande de toutes les iniquités ; il décapite, pour ainsi dire, le corps social ; il circoncrit arbitrairemént le champ où devra s'exercer l'activité de chacun, il pose la borne fatale que cette activité ne saurait déplacer; il consacre une spoliation qui, pour s'exercer dans les hauts rangs de la société, n'en est ni moins odieuse, ni moins inique qu'elle le pourrait être dans les rangs inférieurs; au delà d'une certaine limite il punit, il frappe de confiscation, le travail jusque là légitime; il rend impossibles toutes ces grandes entreprises individuelles qui, tentées par le génie, transforment parfois la société entière; il dépouille le propriétaire non seulement de son capital, mais de ses forces, de ses moyens d'action; il peut le paralyser jusque dans son génie, don magnifique accordé par Dieu, dans ses jours de magnificence, non à l'homme individuel, mais à la société. Le législateur devra s'abstenir encore d'intervenir d'une manière arbitraire, *a priori*, décidée d'avance, dans les rapports qui s'établissent entre le capital et le travail, car les éléments manquent pour établir d'une manière équitable ces rapports divers. Pour employer un terme de commerce, ils ne sauraient s'établir qu'en raison de l'offre et de la demande; entreprendre de les fixer arbitrairement, c'est supprimer la liberté humaine, c'est élever sur ses débris une dictature violente, plus violente qu'aucune de celles dont l'histoire nous transmet le souvenir.

Le grand parti conservateur dont nous esquissons brièvement le programme devra dès lors repousser obstinément le socialisme sous toutes ses formes. Sous ses formes les plus diverses le socialisme repousse la liberté, préconise la dictature. Les six mille années d'histoire, pour lui, sont dépourvues d'enseignements, l'œuvre de Dieu se trouve dépouillée d'intelligence, le mouvement social était au moment de s'arrêter ; il y fallait ou Fourrier, ou Proudhon, ou Louis Blanc. Fourrier, sur les débris de la société actuelle, a la prétention d'établir une société nouvelle, où il fixe à chacun sa tâche, à chacun son lot ; en raison de je ne sais quelle division arbitraire de caractère, d'intérêts, de passions, il façonne une espèce de cadre social où chacun est tenu de venir se placer ; en vertu d'une idée éclose un jour dans sa tête, il pose en l'air un prétendu centre, il enjoint à chacun de venir s'y rattacher. Sous le nom de phalanstère, il édifie je ne sais quel mélange de la caserne, du couvent, du lupanar, où sur les ruines de la famille, de la propriété, de la croyance, s'établira une sorte d'association dont il est l'auteur ; les rapports sociaux actuels s'y trouveront supprimés ; en revanche tout se règlera d'après certaines analogies entre les passions humaines et les notes de la musique. La doctrine de Fourrier, pour qui veut en pénétrer l'esprit, n'est nullement dans ces expositions complaisantes qu'en font ses disciples ; ils en suppriment la partie originale, propre à Fourrier ; ils se bornent à parler de l'association, à célébrer les bienfaits de l'association. Mais justice a été faite de cette tactique : l'association, pour Fourrier, n'a jamais constitué le fond de sa doctrine ; l'association n'a jamais été pour lui qu'une mesure transitoire ; il prétendait seulement s'en servir pour conduire la société actuelle à cette autre société du phalanstère où domineraient la papillonne et tant d'autres belles inventions. Fourrier lui-même n'a cessé de protester contre ce qu'il appelait le phalanstère *hongré*, c'est-à-dire le phalanstère renfermé jusqu'à un certain point dans les

conditions de la morale actuelle, c'est-à-dire privé de l'aiguillon de la papillonne. Est-il besoin de dire que le nouveau parti conservateur devra combattre également ces
autres variétés du socialisme, l'organisation du travail de
Louis Blanc, la théorie de Proudhon? Toute organisation
du travail *a priori* suppose la fixation du prix de revient,
celle du prix de revient la fixation du bénéfice du fabri-
cant, celle du bénéfice la quantité de la vente, celle-ci la
quantité de la demande, qui elle-même se trouve détermi-
née par la condition intérieure des nations voisines, qui se
rattachent à l'humanité entière, puis aux rapports de celle-ci
avec le globe, c'est-à-dire à la possibilité, pour le législateur,
de faire la pluie et le beau temps..... A la vérité, M. Proudhon n'y serait pas fort empêché; ne nous l'a-t-il pas déclaré
un jour. Dieu se trouvera peut-être un peu en peine
pour continuer son œuvre, en raison des nouveaux socialistes;
mais un homme se présentera pour le remplacer. Et cet
homme, vous l'avez nommé : le citoyen Proudhon. A la vérité, il nous avait appris encore, le citoyen Proudhon, cette
autre belle chose, que la propriété c'est le vol. Qu'est-ce
cependant que posséder? C'est vivre, c'est étendre sa vie
dans les proportions de ses facultés. M. Proudhon se trouve
donc en nécessité de prouver d'abord que la vie c'est la mort,
et la mort la vie. Il est vrai que le subtil dialecticien ne se
trouverait pas plus embarrassé à l'un qu'à l'autre.

L'association n'est, je le répéte, qu'une portion insigni-
fiante de la doctrine de Fourrier : ne lui faisons donc pas
porter la peine de la juste réprobation qui s'attache à cette
doctrine. Quand on considère avec quelque attention le mou-

vement de la société, on aperçoit que l'association est le pivot principal autour duquel il s'accomplit; elle est le mobile de la plupart des manifestations de l'activité sociale. La société n'avait pas attendu la révélation de Fourrier pour la mettre en pratique de toutes les façons; comme M. Jourdain, il y a long-temps que nous aussi nous faisions de la prose sans le savoir. La fameuse formule de répartition, capital, talent, travail, n'a pas, que je sache, appris grand'chose à personne. Pour la construction d'une maison, il y a déjà quelque temps que le capital, le talent et le travail se sont associés pour la première fois; ce n'est pas d'hier que l'architecte et le porte-mortier ne sont pas payés au même prix. Sans doute le salaire peut se transformer; dans beaucoup de cas ce serait avec avantage; toutefois, notons bien ce point, s'il se transforme rigoureusement en une part proportionnelle au bénéfice, il faut que, d'un autre côté, l'ouvrier coure la chance des pertes. Fixerait-on un mininum en tous cas? Mais le mi-nimum retombe dans la condition du salaire actuel : lui aussi ne pourra être fixé *a priori;* à moins que le législa-teur ne commence par supprimer la liberté, il faudra qu'il soit débattu sous la condition de l'offre et de la demande. Ces réserves faites, je me garderai bien de contester les avantages de l'association dans un grand nombre de cas; je suis loin de nier tout l'avantage qui peut résulter de la gestion, de l'exploitation en commun d'intérêts qui demeu-rent séparés dans la possession. Dans un livre publié il y a quelques années, je m'attachais entre autres à montrer com-ment, dans l'agriculture, et sous certaines conditions, l'as-sociation pouvait réunir le double avantage de la grande et de la petite culture (1). La Suisse possède déjà quelques essais de ce genre. Toute nouvelle formule, tout nouveau moyen d'association doit être, selon moi, accueilli, examiné, tenté avec empressement et sympathie.

La commune rurale est un théâtre où pourrait être tenté, sans grand bruit à la vérité, mais peut-être avec succès, tout moyen nouveau d'association agricole. Enlevons ces idées dont on fait tant de bruit dans l'étourdissante arène de la polémique quotidienne, enlevons-les à cette atmosphère de bruit et de prétentions, essayons-les sur le théâtre pacifique de nos communes de campagnes ; l'expérience s'en fera sans péril, au milieu de ces vigoureuses populations, préservées jusqu'à cette heure de la contagion de certaines doctrines. Nous venons de le dire, l'expérience s'en fera sans péril et avec un double bénéfice ; l'entreprise aura-t-elle du succès ? tout sera pour le mieux. Sera-ce le contraire, nous serons délivrés d'une discussion bruyante et funeste par toutes les mauvaises passions qu'on a l'art d'y rattacher. Personne, je veux le répéter, ne saurait se dire plus sincèrement partisan que je ne le suis moi-même de l'association ; je l'accueille sous toutes ses formes. Ce que je demande, c'est que l'association ne nous soit point imposée par la fantaisie de MM. tel et tel, de telle et telle façon : c'est qu'elle se fasse au grand jour, sous la loi suprême de la liberté, sous des conditions librement débattues entre les contractants. J'ajouterai aussi que dans ce cas seulement elle peut être profitable. Si j'ai raconté avec quelque complaisance toute la force du levier de l'as-

(1) L'Inde sous la domination anglaise.

sociation, je ne voudrais pourtant pas en conclure que ce moyen soit le meilleur dans tous les cas, ce levier toujours le seul à employer : ce qu'il faut, c'est tantôt l'agglomération, tantôt la dispersion des forces. Pour abattre un arbre, dix hommes [se réunissent; pour sarcler un champ, force leur est de s'éparpiller. Une association de capitaux a conquis l'Inde à l'Angleterre; une puissante dispersion d'efforts individuels a fait plus peut-être : elle achève d'étendre la puissance américaine sur la moitié du Nouveau-Monde.

La France, on ne saurait le contester, a l'initiative de la civilisation moderne; je suis de ceux qui veulent lui conserver ce grand rôle parmi les peuples. L'Europe moderne est en voie de transformation intérieure; d'un autre côté, les peuples changent toutes leurs conditions d'être à l'extérieur, tous leurs rapports avec les autres peuples. Jusqu'à présent j'ai tenté d'expliquer la situation de la France sous le premier point de vue; le temps, les circonstances, le moindre intérêt relatif du sujet, m'obligent à une excessive brièveté sur le second point. Je me bornerai donc à constater, pour ainsi dire, ce grand fait : c'est l'introduction dans la réalité de ces deux grands principes, demeurés jusqu'à cette heure dans le domaine de la spéculation, l'indépendance réciproque des races humaines, le principe des nationalités. Nous avons vu certaines races, soumises jusqu'à cette heure à d'autres races, supporter patiemment ce joug; il en était de même de nationalités formées de la fusion, faite jadis de plusieurs races en un même tout politique, et qui alors ont obéi long-temps, sans répugnance apparente, à d'autres nationalités. Mais aujourd'hui ces deux sortes de sujétion sont devenues également odieuses, intolérables, à qui les avait jusqu'à présent supportées. Sans s'entendre entre elles, au nord, au midi, à l'est, à l'ouest, races ou nations réclament, d'un mouvement spontané, l'indépendance, le droit d'exister par elles-mêmes. C'est que la sujétion d'une race à une race, d'un peuple à un autre peuple, est un fait qui devient, à certaines époques de l'histoire, tout aussi contraire à l'ordre providentiel que la subordination d'un homme à un autre homme : là se trouve un supplice qui ne saurait être le partage définitif de ces personnages collectifs appelés peuples, nations ; du moins en faudrait-il conclure qu'ils ont été frappés jadis de quelque implacable anathème.

Ecoutons M. de Maistre, qu'on trouve sur le chemin de toutes les grandes questions : « Le plus grand malheur pour l'homme politique, c'est d'obéir à une puissance étrangère. Aucune humiliation, aucun tourment de cœur ne peut être comparé à celui-là. La nation sujette, à moins qu'elle ne soit protégée par quelque loi extraordinaire, ne croit point obéir au souverain, mais à la nation de ce souverain ; or, nulle nation ne veut obéir à une autre, par la raison toute simple qu'aucune nation ne sait commander à une autre. Observez les peuples les plus sages et les mieux gouvernés chez eux : vous les verrez perdre absolument cette sagesse et ne ressembler plus à eux-mêmes lorsqu'il s'agira d'en gouverner d'autres. La rage de la domination étant innée dans l'homme, la rage de la faire sentir n'est peut-être pas moins naturelle : l'étranger qui vient commander chez une nation sujette au nom d'une souveraineté lointaine, au lieu de s'informer des idées nationales pour s'y conformer, ne semble trop souvent les étudier que pour les contrarier ; il se croit plus maître à mesure qu'il appuie plus rudement la main (1). »

La papauté comprit de bonne heure ce supplice de l'obéissance à l'étranger ; de là tant d'efforts pour l'affranchissement de l'Italie. Le sentiment de la nationalité n'a pas toujours, il est vrai, joué ce grand rôle dans l'histoire ; ce ne saurait être une raison d'en nier la réalité, la légitimité. C'est seulement que le sentiment de la nationalité ne peut venir aux peuples qu'à un moment donné de leur existence ; les peuples enfants, pas plus que les hommes enfants, n'en sont susceptibles. Cette nécessité historique nouvelle se trouve, il faut le redire, au fond de tous les mouvements qui agitent l'Europe en ce moment. La France doit en demeurer convaincue, et faire de cette conviction un des mobiles de sa politique étrangère ; dès aujourd'hui aussi renoncer à toute conquête, à toute extension de territoire. Qu'y gagnerait-elle? L'agriculture et l'industrie, secondées de la paix du monde, peuvent faire surgir de son propre sol comme un sol nouveau, susceptible de nourrir une population du double ou du triple de sa population actuelle. Ce que la France doit seulement vouloir, c'est aider l'Europe à s'asseoir sur des bases solides, durables, rationnelles, ce qui ne saurait être qu'autant que ces nouveaux besoins qui se font sentir parmi les peuples aient reçu une légitime satisfaction. La France, suivant moi, doit donc toute sa sympathie à ce principe des nationalités, quand il se manifeste sous des conditions légitimes. Elle le doit dans l'intérêt de la paix : car, la cessation de l'esclavage de certains peu-

(1) Du pape, t. I, p. 303.

ples vis-à-vis d'autres peuples étant une des conditions de l'état normal des choses, la paix ne pourra être considérée comme solide, comme définitive, qu'autant que ces idées nouvelles, ces sentiments nouveaux qui se manifestent aujourd'hui, auront passé dans les faits. Alors la paix européenne sera définitivement constituée ; alors notre pacifique développement intérieur ne rencontrera plus l'obstacle d'éventualités d'une guerre toujours menaçante ; alors nous pourrons procéder à un désarmement sérieux ; alors nous cesserons d'épuiser nos ressources à des préparatifs que la tournure actuelle des esprits empêchera toujours d'aboutir à la guerre. D'ailleurs c'est l'appui moral de la France que je demande en faveur de ce grand mouvement, qui, un moment suspendu, est pourtant bien loin d'être arrêté. Cet appui pourra suffire à l'œuvre commencée, si ce n'est aujourd'hui ni demain, du moins dans un temps rapproché. Seulement, il faut que l'Europe demeure persuadée du désintéressement de la France dans toutes ces questions. Il faut encore qu'elle-même sache clairement, nettement, ce qu'elle veut ; qu'elle trace d'une main imperturbable le cercle où devra s'accomplir son action politique. Apprenons à l'Europe, une fois pour toutes, que la politique de la France est enfin à l'abri des caprices de la place publique, des fantaisies de l'émeute.

Les nations de l'Europe, en ce moment, tendent à se partager en groupes divers ; elles obéissent en cela à des affinités de religion, de race, de civilisation. A l'orient de l'Europe, les nations slaves font des efforts inouïs pour échapper aux liens de la conquête, pour se constituer sous une forme, d'a-

près un système qui demeure encore inconnu. Graviteront-
elles, dans leur indépendance individuelle, c'est-à-dire nationale, autour de la Russie? Seront-elles, au contraire, ab-
sorbées dans le gigantesque empire, qu'elles achèveraient d'a-
grandir démesurément? Le moment est-il déjà venu de s'ef-
frayer? J'avoue que je ne suis pas de ceux dont le colosse du
nord trouble déjà le sommeil. A quoi aboutira le mouvement
slave, c'est encore, comme je viens de le dire, chose des plus
obscures. D'un autre côté, l'empire russe n'est-il pas tenu de
se montrer sur un trop grand nombre de points, d'entreprendre à la fois trop de tâches difficiles, de suffire à trop d'entreprises diverses, pour être aussi redoutable que beaucoup
l'imaginent? Les portes de l'enfer ne prévaudront pas contre
celles du ciel ; la barbarie, recouverte d'une civilisation artifi-
cielle, ne prévaudra pas sur la civilisation du reste de l'Europe. Le monde scandinave, dans ses neiges et ses glaces,
s'agite pour se séparer définitivement de l'Allemagne et s'organiser sur la double base des races et des nationalités. Des
intérêts séparés de ceux du reste de l'Europe semblent devoir tenir la Suède, la Norwège et le Danemarck étrangers
aux démêlés qui pourront troubler le continent ; du moins
faudrait-il, pour amener de nouveau les Suédois et les Danois
sur les champs de bataille de l'Europe, un mouvement d'idées
semblable à celui de la réformation, ou bien la main gigantesque de Napoléon. L'Allemagne, obéissant à ce même
esprit de nationalité, fait aussi tous ses efforts pour fonder
l'unité germanique ; tout ce qui est allemand, dans une époque
plus ou moins rapprochée, ne peut manquer de se fondre en
un même tout politique. Nous verrons alors la race germani-

que dans toute sa puissance, attirant à elle la Hollande par des affinités naturelles, et par le progrès nécessaire des choses, toujours prête à porter à l'extrême orient la civilisation euro- péenne par les bouches du Danube. Le commerce et l'indu- strie ne peuvent manquer de lui ouvrir des chemins que la guerre aurait peut-être fermés.

L'Europe tend ainsi à se placer sur de nouvelles bases ; au milieu de ces transformations, le plus grand rôle appar- tient dans l'avenir à la France. La France, l'Italie, l'Es- pagne, avec son annexe le Portugal, sont attachées les unes aux autres par mille liens que le cours du temps doit resserrer de plus en plus : elles sont catholiques ; elles ont puisé leur civilisation, comme leur langue, dans la civili- sation et la langue latines ; elles sont trois sœurs, héritiè- res légitimes de l'empire romain. A jamais loin de nous, dès à présent, nous ne saurions assez le répéter, toute idée de conquête territoriale ! A jamais loin de nous la prétention de vouloir faire prévaloir notre influence, l'épée à la main, dans les conseils de l'Europe ! Ces temps sont maintenant passés pour ne plus revenir. Mais, on ne saurait le nier, la force de son organisation intérieure, celle de sa population, l'homc- généité de ses peuples, l'universalité de sa langue, la facilité, la clarté de l'esprit français, les qualités guerrières de ses habitants, les merveilles de l'épopée révolutionnaire ou napo- léonienne, toutes ces choses assurent à la France une supré- matie toute morale sur les autres filles de la civilisation ro- maine. Elle est tenue d'avoir conscience de cette mission et de diriger sa politique dans ce sens. Elle doit, en tous cas et toujours, tendre la main à l'Espagne et à l'Italie ; elle doit les

aider à sortir de leurs embarras. Dans cette lutte terrible contre l'Allemagne, lutte commencée par nos plus grands papes,
et qu'un moment on a pu croire terminée dans les rues de Mi-
lan, la France doit assister l'Italie de toute son influence politique. Par la seule force des choses, un moment devra dès lors
arriver où l'influence française s'étendra sur quatre-vingts millions d'hommes. Alors, par le seul et légitime développement
de sa civilisation, la France aura plus qu'elle n'a jamais pos-
sédé par l'épée de la conquête. Alors aussi de grandes destinées seront réservées aux fils aînés du catholicisme. La civilisation, dont la France est la plus haute expression, verra les
Alpes et les Pyrénées s'aplanir sous ses pas; elle dominera
dans la Méditerranée par l'Italie, son antique berceau; par
la presqu'île ibérique, elle s'étendra encore une fois sur le
vaste Océan, comme aux temps de Colomb et de Gama; elle
campera sur le Rhin, toute prête à repousser une invasion
qui cessera d'être redoutable. De grandes destinées sont donc
réservées, il faut le redire, à la civilisation catholique, et c'est
à la France à marcher en tête de ces destinées. L'Angleterre,
au gré de ses intérêts, s'efforcera bien encore de faire pencher
d'un côté ou de l'autre la balance politique; que nous importe?
Nous n'en continuerons pas moins à nous associer, par une
pensée sympathique, au succès de la grande mission qui lui
est spécialement réservée; nous la féliciterons de s'en montrer
digne; nous la verrons avec bonheur épancher sur le reste du
monde les flots de la civilisation européenne.

L'écrivain qui traite un sujet politique ne saurait se dispen-
ser de dire un mot de ses convictions personnelles. Il indique
ainsi le point de vue d'où il a considéré le tableau; il achève

de pousser la franchise jusqu'au bout ; il met le public dans le secret de ce qui a pu influer sur son jugement. Au moment de quitter le lecteur qui a bien voulu m'accompagner jusque ici , je parlerai donc de moi une minute, une seule minute. Je l'ai dit, je le répéterai avec toute franchise , la proclamation de la république en février ne me parut rien autre que le triomphe d'un fait insurrectionnel. Une minorité imperceptible ne me paraissait nullement en droit d'imposer sa volonté au pays. A mes yeux la victoire, c'est-à-dire la force, ne suffira jamais pour constituer un droit. D'un autre côté, les circulaires célèbres étaient écrites sous l'invocation de l'esprit de 93, non de celui de la France actuelle. La république de février avait donc, selon moi, à se faire accepter du reste de la France ; elle avait à solliciter sincèrement l'adhésion du pays avant d'aspirer à devenir une situation normale, régulière. C'est ainsi que je le considérai pendant sa durée. Je me ralliai cependant de tous mes faibles efforts à la partie modérée du gouvernement provisoire , qui tenta d'arracher la société à l'abyme : car c'était bien de la société qu'il s'agissait alors, non plus de telle ou telle forme politique à lui imposer ; c'était bien la société elle-même qu'il s'agissait d'arrêter au bord de ce chaos de sang, de fange, de délire, où la précipitait une odieuse imitation d'une horrible époque.

Mais justice à tous ! Ce pouvoir sorti de l'insurrection fit une chose grande et hardie : il mit la France en demeure de se prononcer sur l'œuvre accomplie à Paris ; il en appela sans hésiter au pays, au suffrage universel, jusque là objet de vagues terreurs et de vagues désirs. De l'urne électorale sortit un nouvel ordre de choses. Ce fait insurrectionnel, baptisée par l'émeute du nom de République, dès qu'il se trouvait accepté par l'Assemblée nationale, changeait par cela même ce caractère. La forme républicaine devenait le gouvernement légal et régulier du pays. Je dus l'accepter, je veux dire que j'acceptai l'ordre de choses fondé par l'Assemblée, non celui qui la précéda. Cet ordre de choses, entouré à sa naissance de circonstances funestes, renfermait pourtant les seules conditions possibles alors de paix et le salut pour la France. Le scrupule à compter de ce moment solennel s'éloigna de mon esprit. J'accepte donc la Constitution, telle qu'elle est sortie des mains des élus du pays; je l'accepte dans toutes les modifications qu'elle devra subir pour se mettre de plus en plus en harmonie avec les progrès de l'avenir. Je mets au premier rang de ces modifications celles qui auront pour but d'établir sur de larges bases la liberté civile, la liberté religieuse, la liberté de l'enseignement, la décentralisation administrative, la diminution de nos forces de terre et de mer, etc., etc. Je me résume, au reste, en un seul mot : j'accepte sans réserve le suffrage universel. L'état matériel et moral du pays, la douceur de nos mœurs, à mes yeux, l'ont dépouillé de l'apparence même des dangers qu'il semblait recéler. Je l'accepte dans toutes ses conséquences, sous toutes ses formes, c'est-à-dire dans tout ce que le progrès du temps ne pourra manquer d'en faire sortir.

Pour la troisième fois donnons à l'univers un spectacle jusque alors inconnu. *Alea jacta est*, nous a dit **M.** de Lamartine à propos de l'élection du président par le suffrage universel; *alea jacta est*, le sort en est jeté. Ce fut aussi, sans doute, la devise des fondateurs de la République. Le sort en est jeté, faut-il répéter de nouveau au moment où l'existence, pour ainsi dire, de la France, est remise encore une fois à une troisième et solennelle épreuve. Nos destinées, notre avenir, sont de nouveau dans nos mains, au fond de l'urne ; qu'en ferons-nous sortir ? Le calme, le bonheur, la prospérité, ou bien de nouvelles tempêtes ? Allons-nous recommencer les terribles épreuves que nous venons de traverser ? Sommes-nous, au contraire, au bout de la voie douloureuse et sanglante ? Les hommes religieux peuvent-ils penser que l'expiation soit, dès à présent, trouvée suffisante ? Questions terribles, qui s'agitent dans la poitrine de tout être doué de raison, sur le sol entier de la patrie. Quoi qu'il en soit, écrivons nos bulletins sous l'inspiration de la seule conscience ; dépouillons-nous de tout sentiment de colère, de haine, d'irritation. L'urne électorale contient de plus redoutables énigmes que celles dont le Sphinx épouvanta jadis le peuple de Thèbes. Que le génie de la France y plonge toutefois hardiment la main. Après tout, c'est la Providence chrétienne, non la Fatalité antique, qui devra dire le mot de l'énigme mystérieuse. Ne vivons-nous pas sous la loi de grâce et de rédemption ? Ne sommes-nous pas dans les mains de celui qui sait *mesurer le vent à la toison de l'agneau ?*